# 零基础学习太极扇 太极剑

杜燕平 双福 主编

化学工业出版社

·北京·

## 内容简介

本书收录太极扇、太极剑健身功法及其分步图解，图文并茂，并针对易犯错动作和要领给予纠正和提示，使每一位传统健身爱好者能够更加规范、科学地练习，起到强身健体、保健养生的功效。书中配备二维码视频，扫一扫轻松学习，更直观了解习练要点。

本书适合广大健身爱好者参考阅读。

**图书在版编目（CIP）数据**

零基础学习太极扇　太极剑 / 杜燕平，双福主编
. 一北京：化学工业出版社，2024.8
ISBN 978-7-122-45652-6

Ⅰ.①零… Ⅱ.①杜… ②双… Ⅲ.①器械术（武术）
-中国②剑术（武术）-套路（武术）-中国 Ⅳ.①G852.2

中国国家版本馆CIP数据核字（2024）第096833号

| | |
|---|---|
| 责任编辑：满孝涵 | 文字编辑：李　平 |
| 责任校对：刘　一 | 装帧设计：双福 SF 文化·出品 www.shuangfu.cn |

出版发行：化学工业出版社（北京市东城区青年湖南街13号　邮政编码 100011）
印　　装：北京瑞禾彩色印刷有限公司
787mm×1092mm　1/16　印张10　字数152千字
2025年1月北京第1版第1次印刷

购书咨询：010-64518888
售后服务：010-64518899
网　　址：http://www.cip.com.cn
凡购买本书，如有缺损质量问题，本社销售中心负责调换。

定　　价：59.80元

# 如何使用本书

## ·全程图解·

成套的系列动作，通过全程图帮您快速了解流程路线，效果明确而不枯燥。

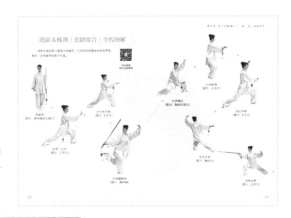

## ·方便选择·

本书中的系列动作是根据不同需求来安排的，在练习过程中，不必拘泥，选择适合您的时间，持之以恒就好。

## ·太极知识·

作者根据多年的授课经验，讲述了练习太极的基础知识，以便解决困惑，进一步理解太极。

## ·二维码视频·

扫二维码看视频，方便跟随老师的指导和语音练习，时间随心，动作易把握，效果更好。

## ·分步图解·

全景指导，每个招式都有细节步骤图解，让太极从理论到实践变得更加通俗易懂。

【功效】招式的作用。

【动作口诀】概括本套动作的重点，方便练习和记忆。

【大图】直观演示主要动作要点。

【虚图】【上一步回顾】虚图和上一步都是讲上一个动作，教会读者怎样从一个动作转入另一个动作。

【练习时容易犯的错误】图解常见错误动作，帮助动作更准确。

【要点】此处表明规范性要点和练习诀窍。

【攻防指导】如何将动作用于实战技击。

声明：本书图示及指导的太极运动仅供参考及资料用途，适用于一般读者，如个人体质存在差异，使用前请咨询医生或专业太极教练。

# 目 录

# 第四章 养生太极剑
## ——一招一式，祛病延年

# 第一章

## 太极养生秘诀

### ——养生静心，健康自然

静如山岳，动若江河，气沉丹田，吐故纳新，呼吸自然，无思无虑。

太极运动有着无穷的魅力，养生、延年、静心，更健康、自然。现在请走近太极，开始养生新生活。

# 太极运动的起源和发展

中华武术源远流长，是中华民族的瑰宝，太极无愧其中之精品。

而今，太极运动风靡世界。美国《时代》杂志将之称为"全球一亿五千万人练习的'完美的运动'"。

关于太极运动的起源，众说纷纭，目前大致可以归纳为两类观点：一类认为大约由南朝的韩拱月、程灵洗发起，经唐朝许宣平、李道子，宋朝成必，元朝张三丰，明清朝的王宗岳、蒋发，清中叶陈长兴不断传承兴盛；一类则是认为太极运动是明末清初陈王廷所创。

18世纪20至60年代，相继出现了陈有本在老架基础上编成的陈氏新架太极拳，陈有本的弟子陈青萍又在此基础上创编了赵堡架和忽雷架。随后，杨露禅在陈式拳基础上创编的绵拳架，经其子杨健侯和其孙杨澄甫修润定型为杨式太极拳套路。

1956年后，中华人民共和国体育运动委员会相继组织太极拳名家创编了二十四式"简化太极拳"、四十八式太极拳，整理、修订了杨式八十八式太极拳、三十二式太极剑、太极拳推手练习法等。整理创编了陈式、杨式、吴式、孙式和武式太极拳竞赛套路，以及用于全国武术锦标赛的四十二式太极拳和四十二式太极剑竞赛套路。

1986年起，全国太极拳、太极剑、太极推手比赛正式开赛，每年一届。

1991年首届世界武术锦标赛，将太极拳设为比赛项目之一，吸引了来自世界各地的太极拳爱好者同场竞技切磋。

虽然太极运动究竟是何人何时创造的尚无定论，但是可以肯定，太极运动绝非一蹴而就，是经过数代人的努力形成的，世代沿袭，经久不衰，名手辈出，也见证了太极运动的博大精深。

如今，太极运动已传播到 150 多个国家和地区，成为最常见的全民健身方式之一，不仅被广大中老年朋友采用为健身锻炼项目，也受年轻人士青睐，成为修身保健的热门方式之一。

# 太极运动保护我们的身体

　　太极运动目前已被国内外医学界证明是一种重要的健身和预防疾病的手段。它除了能增强体质外，还是辅助治疗高血压、心脏病、肺病等慢性病的好方法，更对身体的各个主要器官系统具有极佳的保健功效。

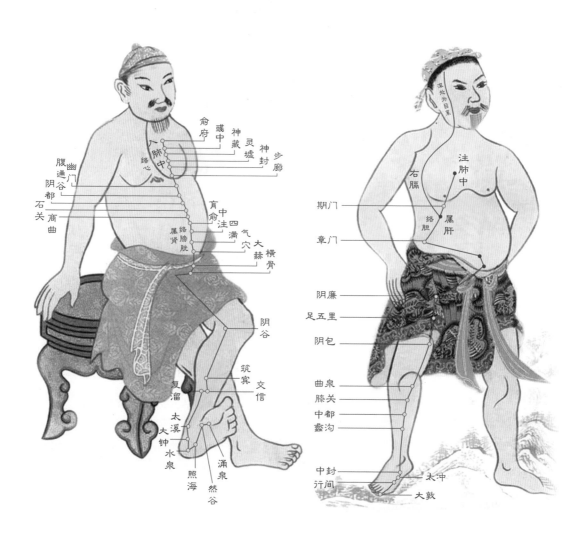

## ·神经系统·

人依靠神经系统的调节，使体内各个系统与器官的功能活动按照需要统一起来。练太极要求心静、用意、思想集中，手、眼、身法、步协调一致，这些都对大脑活动有良好的训练作用，因而太极能增强中枢神经的功能，对全身来说有着很好的保健作用。

## ·心血管系统·

太极对心血管的影响，是在中枢神经的支配下发生的，太极运动对各组肌肉、关节的活动，有节律的呼吸运动，特别是胸部的横膈运动，都起到了锻炼的作用，因此它能促进血液循环，减少体内的瘀血现象，是一种用来消除体内瘀血的良好方法。

## ·全身肌肉、全身关节·

练太极对骨骼及关节活动的影响很突出，以脊柱为例，练太极拳时要求含胸拔背，以腰为轴，这说明练习太极与腰部的活动有着密切的关系。经常练习对脊柱的形态和组织结构都有良好的作用。练习太极时要求屈膝沉胯，动作连贯、圆活，周身节节贯穿，可提高腿部的力量，因此，练太极有防老之说。

## ·消化系统·

由于神经系统活动能力的提高，可以改善其他系统的功能活动，因此，它可以预防某些因神经系统功能紊乱而导致的消化系统疾病，此外，呼吸运动对胃肠道起着机械刺激的作用，也能改善消化道的血液循环，因此可以促进消化、预防便秘，这对人体也是很重要的。

### 太极运动的特点

尽管太极存在各种流派，在练习过程中略有差异，但在基本特点上是一致的。太极是一项心静体松、柔缓自然、连绵不断、动中寓静、意念领先的武术项目。如果把长拳当作一首刚健明快的奏鸣曲，那么太极则是一首柔缓抒情的小夜曲。太极运动特点：心静意导、呼吸自然，中正安舒、松柔连贯，动作圆活、周身协调，轻灵沉稳、刚柔相济。

# 第二章

## 太极入门——了解太极基础

太极运动与其他体育项目一样，要经历一个循序渐进、逐步提高的过程，因此，掌握太极基础要诀，会让太极习练更顺畅，事半功倍。

# 太极运动练习注意事项

有人认为，太极类的运动项目动作缓慢，强调用意不用力，不像其他运动项目有较多的注意事项，其实不然，了解下列事项，可以让你练习太极更顺畅。

## ·练习前·

仔细阅读所有的太极运动姿势要领。

须知饭后不可立即练习。

在医院及疗养院的患者练习前应先咨询医生。

### 暖身准备

练习太极运动讲究步型、步法、身体重心虚实转换，动作幅度较大。这些对腰、肩、肘、腕、膝、踝等各个关节部位的灵活性、柔韧性的要求都是比较高的。所以在练习前，应先压腿，转肩、颈、膝关节，做好准备活动，待身体各关节肌肉韧带活动开之后，再进行成套的动作练习。

## ·练习时·

**端正**：练习太极首先要注意姿势正确，特别是要保持上体自然正直、腰脊中正，两肩、两胯自然放松，不可俯仰歪斜或耸肩、扭胯。

**稳定**：要使上体端正舒适，必须保持下肢稳定。很多人下肢不稳，并不完全出于力量不足，而多数是由于步型、步法不当，如步子过小、过窄或脚的位置、角度不对，以及变换动作虚实不清，造成身体重心不稳。因此，必须把步型、步法的要求弄清楚。

**速度要均匀**：初学太极时宜慢不宜快，从慢上下功夫、打基础。先把动作学会，把要领掌握好，熟练后，不论速度稍快或稍慢，都要从头到尾保持均匀、连贯、协调和圆活。

**架式不可起浮**：练时，可根据自身的条件来确定架式的高低，体弱者拳架高些，身体健康者拳架低些。练习时，架式不可忽高忽低、起浮不定。另外，要掌握适当的运动量。

## ·练习后·

练习后不能立即进食，休息三十分钟之后，可以进食，但忌食瓜果等生冷食物。

### 温馨提示

#### 生理期

一般健康女性在生理期坚持适当的太极活动，不仅无碍正常的行经，而且有益于盆腔血液循环，能减轻盆腔充血，缩短经期，并能调节大脑的兴奋和抑制功能，因而能减轻生理期腰酸背痛、腹胀、小腹下坠或精神不好等不适感觉。运动量宜根据自己的情况稍减或不变。

#### 妊娠期

孕妇做些少量柔和的太极活动是可以的，特别推荐太极扇。若能在室外阳光下散散步或练习几个单式，则有益于母亲及胎儿钙、磷的补充。同时，适当的活动还能减少产前浮肿、便秘等现象，有利于分娩的顺利进行。但是妊娠期的锻炼要慎重，尤其快分娩前更应注意，应在医生指导下进行。

#### 哺乳期

哺乳期女性可在阳光下坚持适当的太极练习，这对产后的体力恢复和乳汁中钙、磷含量的增多有一定作用。

# 太极练习时的着装、环境和呼吸

## ·着装·

练习着装，以宽大服装与布鞋为宜，如果在室内，也可以光着脚或穿袜子来练习。如果遇出汗，切忌脱衣迎风或用冷水揩抹。除去手表、珠宝或其他饰物，这些东西可能会妨碍动作。如果头发较长，那么最好先扎起来。

最好在阳光充足、空气新鲜、地面平坦、环境幽静的室外或室内进行。

·呼吸·

初学太极拳时，一般要求呼吸通畅自然，不要受动作的约束。

待技术提高以后，可根据个人锻炼体会的程度，毫不勉强地随着速度的快慢和动作幅度的大小，按照上吸下呼、开吸合呼的要求，使动作和呼吸自然配合。

在训练同一套太极拳时，不同体质、年龄、技术水平的人练起来呼吸也不一致。

# 太极基本步型、步法、腿法

·步型·

◎弓步

◎马步

**要点**

前腿膝盖不能超出脚尖。

本人脚长的 3.5 倍

前腿屈膝前弓，脚尖朝前，后腿自然蹬直，脚尖斜向前。

两脚左右分开，宽度约本人脚长的3.5 倍，脚尖呈外八，屈膝半蹲。

◎半马步

一脚向前跨一大步，脚尖向前，另一脚脚尖斜向后，屈膝半蹲，重心略偏后腿。

◎虚步

10 厘米左右

身体后坐，后腿屈蹲，前腿脚掌着地，膝微屈，上体中正，两脚跟横向距离 10 厘米左右。

◎仆步

一腿屈膝全蹲，另一腿自然平伸出。脚内扣，全脚掌着地，上体正直。

◎歇步

两腿交叉屈膝全蹲，两脚尖外摆，后脚掌着地，臀部坐在后脚跟上，上体中正。

◎平行步

両脚平分与肩宽，脚尖向前，屈膝沉胯下蹲。

◎叉步

两脚尖外摆，后脚跟旋转提起，屈膝沉胯下蹲，重心偏前腿。

·步法·

◎上步

后脚向前上步，脚跟先落。

◎退步（撤步）

前脚后退一步，脚掌先落。

◎盖步

一脚向另一脚旁横落脚。

◎插步

一脚向另一脚斜后方插一步，两腿交叉。

◎摆步

上步时，脚跟先落，脚尖微外撇、斜向前。

◎扣脚

上步时，脚掌先落，脚尖斜向里。

支撑腿全部着地，另一脚脚掌点地，落在支撑腿内侧，两腿屈膝半蹲。

·腿法·

◎蹬脚

一腿支撑，另一腿屈膝提起，脚尖上翘，以脚跟为力点，蹬出，支撑腿自然伸直。

◎分脚

一腿支撑，另一腿屈膝提起，脚面展平，以脚尖为力点，踢出，支撑腿自然伸直。

# 太极基本身型、身法

## ·身型·

### ◎头颈、肩、胸、背、脊、腰

头颈: 头颈正直，下颌微收，不可歪斜，百会穴微上顶。

肩: 两肩放平，松沉，不要耸起。

胸: 胸部保持舒松自然，不要挺胸或内缩。

背: 后背自然放松，舒展拔背，不可弓背。

脊: 要保持中正安舒，不偏不倚。

腰: 自然放松，运转时以腰为轴，松柔灵活，带动四肢运动。

正面　　　　　　　　　　侧面

◎肘

肘微屈，自然下垂，不可僵直。

◎臀、胯、腿

臀：臀要收敛，不要外突。

胯：胯要松、沉、正，不可歪斜。

腿：要伸屈自然，腿部活动时，首先要求胯和膝关节放松，这样可以保证进退灵活。

·身法·

上体自然正直，两肩、两胯自然放松，旋转、松活一致，动作完整合一，全身各部的运动保持协调一致。

# 太极基本眼法

正面

眼睛是心灵的窗户，要做到全神贯注，意念领先，定势时，眼看前方或看手法，要做到眼随手走。

# 第三章

修身太极扇——一开一合，内外兼修

太极扇是在太极拳的基础上融合扇术的特点而形成的，因而具有拳扇双重风格，它讲究刚柔相济，追求一种内外兼修、形神兼备的最高境界。它不仅可以强身健体，还可以陶冶性情，不仅可以娱己，还可以乐群，有很高的观赏价值。

# 太极扇基础

·太极扇的结构与名称·

太极扇合扇时的形状称为扇棒，开扇时的形状称为扇叶。合扇时，扇两侧宽而厚的叫扇柄，有 2 根，多用竹子做成。手持的部分叫扇根，扇柄上端叫扇首，扇柄的中间部分叫扇身。

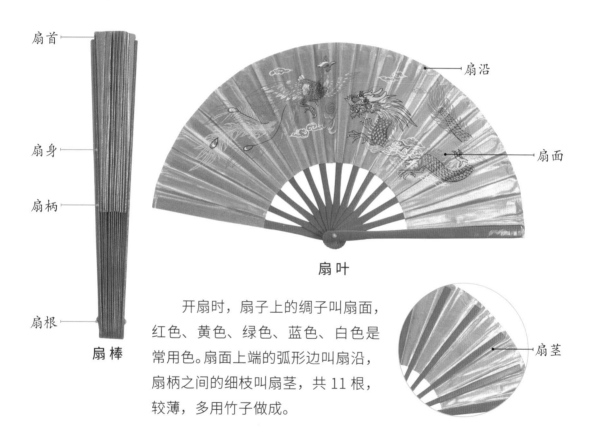

扇首 扇身 扇柄 扇根

扇棒

扇沿 扇面

扇叶

扇茎

开扇时，扇子上的绸子叫扇面，红色、黄色、绿色、蓝色、白色是常用色。扇面上端的弧形边叫扇沿，扇柄之间的细枝叫扇茎，共 11 根，较薄，多用竹子做成。

·太极扇选购技巧·

常用的太极扇目前主要有两种规格：一种为 33 厘米，适合中等身材以下练习者使用；一种为 40 厘米，适合较高身材的练习者使用。可根据本人的情况选择适合的太极扇。另外，扇柄、扇茎要轻重适度，轻则虚浮，出扇无力，重则笨拙，运行开合不灵活。

## ·学习太极扇的基本手型、握法·

### ◎基本手型

掌

**立掌：**

五指自然伸展，虎口撑圆，手心微内含，手腕微坐。

**平掌：**

五指自然伸展，手腕松平，手心朝上为仰掌，手心朝下为俯掌。

拳

五指自然松握，拇指第一指节压在示指中指的第二指节上。

### ◎基本握法

正握

**合扇握法：**

右手握扇，拇指和示指握紧扇根部，其他三指自然回屈。

**开扇握法：**

右手握扇根，拇指握紧扇根，其他四指屈握扇根另一侧。

反握

**合扇握法：**

右手握扇，右手握紧扇首部位，扇根朝上。

## ·学习太极扇的基本开扇法·

开扇法是指扇子从合到开的方法。

### ◎正手平开扇

右手握扇在体前从右向左平开扇，手心朝上，力达扇沿。

### ◎反手平开扇

右手握扇，手心朝下，从左向右反手平开扇，力达扇沿。

### ◎斜刺扇

右手握扇从体前向前下方刺扇，力达扇沿。

## ◎立开扇

右手握扇，在体前由下朝上直臂抖腕开扇，力达扇沿。

## ◎反手倒立开扇

右手握扇，在体前由上向下抖腕倒立开扇，力达扇沿。

## ◎斜立扇

右手握扇，从前向体后反手斜立开扇，扇法是向后撩击。

## ◎平托扇

右手握扇，将扇抱于胸前，左手在右手右方。

## ◎云扇

右手握扇，经头前上方划平圆。

功效

这种扇法主要用于格开对方的进攻。

## ◎挂扇（合扇）

右手握扇根，右手腕内扣，从头前上方向后下方穿挂，扇在身体两侧划立圆。

功效

这种扇法主要用于防守保护胸部。

## ◎撩扇

右手握扇根，右手心向前，从后向前撩击，扇柄为点。

## ◎劈扇（合扇）

右手握扇从上向下劈出，力达扇柄中端。

## ◎点扇（合扇）

右手握扇根，从上向下点击，力达扇首。

# 起势（右手持扇）

平心静气，安五脏

**·功效·**

1. 平心静气，安五脏。
2. 促进血液循环。

**·动作口诀·**

站立，左开步，举臂，下按。

**·步骤·**

**01**

站立，身体正直，两脚并拢，右手握住扇根，扇首朝下，手心向内，左臂自然垂于身体右侧，手心向内，目光平视前方。

**02**

左脚向左开步，同肩宽。

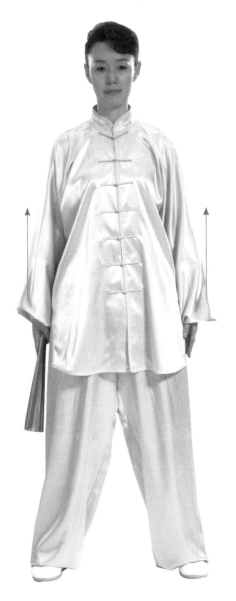

**03**

两臂前平举，同肩宽，同肩高。

## 04

两手下按至腹前，手心向下，指尖向前，眼看两手间。

**要点**

并步站立时，要悬顶立身，下颌微收，眼睛平视，胸腹放松，两臂松垂在身体两侧。

### 练习时容易犯的错误

| 下颌外张。 | 眼睛未平视。 | 胸腹紧张，两臂紧张放于身体两侧。 |
| --- | --- | --- |

# 白鹤亮翅

刺激新陈代谢，放松背部

## ·功效·

1. 放松背部，缓解肩部不适。
2. 刺激新陈代谢，增进身体循环。

## ·动作口诀·

左虚步，右手上抛扇，右手正握扇，左手在左胯旁。

## ·步骤·

左脚上步成左虚步，同时，右手上抛扇，使右手正握扇。右手持扇向上划弧立开扇。左手向下按在左胯旁，眼看前方。

### 要点

1. 右手扇开在头的右上方。

2. 左虚步时，两脚横向距离为 10 厘米左右。

# 力劈华山

强壮手臂，锻炼膝关节

· 功效 ·

1. 美脊塑肩，全方位强壮手臂。
2. 锻炼膝关节，预防中老年关节炎。

· 动作口诀 ·

右转，左弓步。

· 步骤 ·

上一步回顾

身体微右转，左脚上步成左弓步，右手持扇，从上向下劈开，扇与肩平，左手成掌，落在右小臂内侧。手心翻转斜向下，眼看前方。

要点

开扇时，扇沿向下，反平开扇。

# 立马扬鞭

灵活双眼，提升平衡力

## ·功效·

1. 提升身体平衡力。
2. 增强两眼的灵活性。

## ·动作口诀·

右横跨步。

## ·步骤·

上一步回顾

右脚向右横跨步，左脚向右脚并拢成并步，同时，右手合扇上举，左手在手臂内侧，眼看斜前方。

### 要点

1. 左手臂横在胸前，不要过低。

2. 双腿并拢。

# 灵猫扑鼠

锻炼颈肩，活动腿部关节

## ·功效·

1. 加速双臂、腿部脂肪燃烧。
2. 灵活肩部、颈部。
3. 活动腿部关节，有效预防关节炎。

## ·动作口诀·

下蹲，右开扇。

## ·步骤·

上一步回顾

### 要点

扑扇时，成歇步，扇子要在身体的右侧向下扑扇。

右脚向右横跨一步，左脚后插，下蹲。同时右手扇开扇，向身体的右下方斜扑扇，眼看右手扇。

# 大鹏展翅

缓解肩颈不适，促进淋巴排毒

## ·功效·

1. 有效瘦双臂。
2. 促进淋巴排毒，提高新陈代谢。
3. 缓解肩颈不适，预防肩周炎。

## ·动作口诀·

左上步，两手与肩平。

## ·步骤·

上一步回顾

左脚向前上步，右腿提起成左独立步，同时，两手平摆，右手顺势合扇，两手与肩平，眼看右手扇。

### 要点

分手时，两手臂微屈，手心向上，沉肩垂肘。

# 拨云见日

舒缓颈椎，放松全身肌肉

## ·功效·

1. 使上臂、颈部、肩膀得到充分活动，颈椎得到有效舒缓。

2. 放松全身肌肉，释放体内的紧张感。

## ·动作口诀·

分手云扇。

## ·步骤·

上一步回顾

### 练习时容易犯的错误

云扇时，上体未后仰，致使云扇动作未到位。

重心后移，上体微后仰，同时，两手从胸前上架分手云扇，眼看两手间。

# 引蛇出洞

雕塑美背，温和按摩脊柱

### ·功效·

1. 自然拉长肌肉线条，雕塑美背。
2. 温和按摩脊柱，缓解肩背疼痛。

### ·动作口诀·

左仆步，穿掌穿扇。

### ·步骤·

上一步回顾

左脚向左开步，成左仆步，同时，穿掌穿扇。

### 要点

1. 眼睛看向斜下方。

2. 右手持扇根，左手穿掌。

3. 左脚内扣成 90°。

# 偷步撩阴

预防颈部肌肉粘连和肩背酸痛

## ·功效·

1. 牵拉手臂，预防颈部肌肉粘连和肩背酸痛。
2. 灵活身体，预防手足麻木。

## ·动作口诀·

叉步，右反手斜开扇

## ·步骤·

上一步回顾

左脚向右脚后插步成叉步，同时，上体右后转，右手持扇，体后下方反手斜开扇，左掌根向前上方上撑，手心斜向上，眼看右手扇。

# 云燕归巢

最大程度舒缓身体的不适感

### ·功效·

1. 保养腹部器官，调理肝、脾、肾。

2. 最大程度舒缓身体的不适感。

### ·动作口诀·

右虚步，反手抱扇。

### ·步骤·

上一步回顾

右脚上步成右虚步，同时，右手握扇，手心向上，反手抱扇，左手托住右手，眼看前方。

### 要点

左腿稍弯，屈膝沉胯。

# 收势

定心凝神，调练心肺之气

## ·功效·

1. 定心凝神，调练心肺之气。
2. 改善呼吸功能。

## ·动作口诀·

歇步下开扇，合扇，抛扇，并步还原。

## ·步骤·

上一步回顾

**01**

两腿下蹲成高歇步，右手扇向下开扇，左手身体左侧撑。

38

02

右手扇合扇。

03

反抛接扇。

右脚向右侧横跨一
步，左脚并右脚成并步，
同时，两手从体前下落至
身体两侧。

**05**

收势还原。

### 练习时容易犯的错误

| 抛接扇时，高度不够，接扇不准确。 | 并步时，两脚未并拢。 |
|---|---|
|  |  |

# 进阶太极扇（套路组合）全程图解

进阶太极扇是以套路为线索的，它讲究的是整体的连贯性。具有一定的健身和医疗价值。本套太极扇假设面向南起势。

扫码观看
进阶全程视频

预备势
（提示：原地面向南方）

起势
（提示：偏西南方）

回身穿掌
（提示：正东方）

右弓步平开扇
（提示：正东方）

马步插扇
（提示：正南方）

右虚步云抱扇
（提示：正东方）

弓步插扇
（提示：正西方）

左下势开扇
（提示：正东方）

右仆步穿扇
（提示：西北方）

叉步开扇
（提示：西南方）

歇步开扇
（提示：胸向西南方）

翻身点扇
（提示：正东方）

右弓步撩扇
（提示：正东方）

叉步后撩扇
（提示：正东方）

右独立挑掌
（提示：向西方）

进步挂扇
（提示：胸向北方）

高歇步抛接扇
（提示：西南方）

虚步平刺
（提示：西南方）

收势
（提示：正南方）

# 预备势

宁静心神，消除身体疲劳

## ·功效·

1. 宁静心神，消除身体疲劳。
2. 使人冷静沉着，处变不惊。

## ·动作口诀·

并步站立。

## ·步骤·

并步站立，悬顶立身，下颌微收，胸腹放松，精神集中，呼吸自然，眼睛平视，反握扇。

## 要点

头颈正直，下颌微收，思想集中，两肩放平，胸腹放松。

# 起势

促进血液循环

## ·功效·

1. 安五脏。
2. 促进血液循环。

## ·动作口诀·

开步，平举，半蹲，下按。

## ·步骤·

**上一步回顾**

**01**

左脚向左迈半步，两脚同肩宽。

**02**

两手臂向前平举，同肩宽，两臂微屈，手心向下。

**03**

两腿屈膝半蹲，同时两手屈臂下按至腹前，手心向下，指尖向前。

**要点**

屈膝下按时，要保持身体中正、松肩垂肘。

**练习时容易犯的错误**

屈膝下按时，身体歪斜。

# 回身穿掌

缓解腰肌疲劳，活跃气血

## ·功效·

1. 调理肝脾，活跃气血。

2. 缓解腰肌疲劳，增强前髋关节周围肌肉力量。

## ·动作口诀·

虚步，斜插扇，抛扇，右独立步，刺扇，半马步，穿掌。

## ·步骤·

**上一步回顾**

**01**

右脚尖外摆，左脚向前伸或成左虚步，同时两臂绕环。

**02**

左手体侧上举，右手扇斜向下，眼看右手（胸向南）。

**03**

向上抛扇，使右手正握扇。

**04**

下开扇，同时，两
膝相抵半蹲。

**05**

合扇。

**06**

身体右转，右脚向右侧上步成右独立步，同时两手收至腰间。

**07**

向前上方刺扇（向西）。

## 08

左转，左脚向后撤成半马步，同时回身穿掌、穿扇，眼看左手（向东）。

**练习时容易犯的错误**

半马步时，左脚尖未外摆。

**要点**

半马步穿掌时，左脚尖向前，不要做成马步穿掌。

# 右弓步平开扇

缓解腰肌疲劳

## ·功效·

1. 缓解腰肌疲劳，增强前髋关节周围肌肉力量。
2. 防止下肢无力、膝痛等病症。

## ·动作口诀·

收脚，云扇，右弓步，平开扇。

## ·步骤·

上一步回顾

**01**

重心前移，右脚收在左脚内侧，同时云扇。

右脚上步，成右弓步，同时平开扇，左手在右小臂内侧，眼看扇（向东）。

要点

1. 上体微后仰，再平开扇。

2. 云扇时，右手腕为轴，扇在面前划平圆。

# 马步插扇 疏理下肢经络

### ·功效·

1. 疏理下肢经络，促进血液循环。
2. 提高双臂的肌肉力量，改善肩关节功能。

### ·动作口诀·

马步，两手下插扇。

### ·步骤·

上一步回顾

身体左转，右脚外摆，左脚上步成马步，同时两手下插扇，眼看扇（向南）。

要点

马步时，悬顶立身，屈膝沉胯，扇沿向下插扇。

# 右虚步云抱扇

疏经散热，去除心火

### ·功效·

1. 去除心火，增强体质。
2. 疏经散热，平衡阴阳。

### ·动作口诀·

叉步平举，平摆，左转云扇，右虚步抱扇。

### ·步骤·

上一步回顾

**01**

右脚盖步上成叉步，同时两臂平举（胸向南）。

**02**

身体左转，两脚辗转，同时，左手在右肩前，右手扇反手平摆，眼看扇。

## 03

身体继续左转，左脚撤步，同时，于面前云扇。

（另一视角）

**04**

右脚上步成右虚步，同时胸前抱扇，左手在右小臂内侧，眼看前方（向东）。

**练习时容易犯的错误**

扇未向前摆，扇沿向下。

**要点**

1. 身体左转一又四分之一圈（合计 450°），步法要灵活，眼随扇走。
2. 重心要平稳，不能起浮。

# 翻身点扇

疏通经络，强筋壮骨

## ·功效·

1. 疏通经络，对疏通下肢经络很有益处。
2. 强筋壮骨，增强体质。

## ·动作口诀·

右独立步，平展，落左脚，上右脚，
下劈扇，合臂，右弓步点扇。

## ·步骤·

上一步回顾

### 01

右脚上步，左腿提起，
成右独立步，同时，合扇，
两臂平展（向东）。

左转，左脚下落，同时两臂合在体前，左手置于右手小臂下方，手心向下。

右脚上步，左脚后插，同时下劈扇，左手斜上举，眼看扇（胸向北）。

**04**

上体微后仰，左后转360°（胸向北），两手翻转。

特别说明：在实际练习中是胸向北，为了方便读者了解动作，此处为正面演示。

手部图

**05**

两腿交叉，同时两臂合在体前。

06

右脚上步成右弓步，同时下点扇。

## 练习时容易犯的错误

转体 360°时，上体未后仰，扇子内扣，转体慢。

两腿未微屈。

**要点**

左转 360°时，上体要微后仰，旋转稍快，体现出太极扇快慢相间、优美的身法。

# 歇步开扇

缓解肩部不适，促进血液循环

## ·功效·

1. 放松背部，缓解肩部不适。
2. 刺激新陈代谢，促进血液循环。

## ·动作口诀·

左脚后插，下蹲成歇步，右手扇上举立开扇。

## ·步骤·

上一步回顾

身体左转，右脚上步，右转，左脚后插，同时旋臂，眼看右手扇。下蹲成歇步，同时右手扇上举立开扇，左手在右肩前（胸偏西），眼看左侧。

### 你也可以这样做

歇步时，如果蹲不下，可做高歇步。

# 叉步开扇

提高人体平衡能力，增强心肺功能

## ·功效·

1. 提高人体平衡能力，增强心肺功能，增强血氧交换能力。
2. 防止高血压。

## ·动作口诀·

合扇，左、右、左旋臂立圆，
斜开扇。

## ·步骤·

上一步回顾

**01**

两腿伸起，同时合扇。

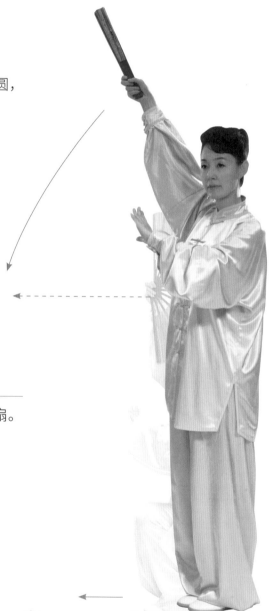

02

左、右、左，脚上三步成叉步，同时旋臂，两手前后划立圆，体前斜开扇（胸偏西南）。

## 练习时容易犯的错误

| 叉步时，前脚未外摆。 | 开扇时开成平扇。 |
|---|---|
|  |  |

要点

上步时两臂划弧，右手扇由上、向下、向后、向前斜开扇，眼随扇走。

# 右仆步穿扇

拉伸脊柱，锻炼四肢

## ·功效·

1. 拉伸脊柱，缓解肩背疼痛。
2. 锻炼四肢。

## ·动作口诀·

右仆步，穿扇、开扇，左手左上举。

## ·步骤·

上一步回顾

合扇，右脚上步成右仆步，同时穿扇、开扇，左手左上举（西偏北），眼随扇走。

### 要点

穿扇时，要穿在右踝骨内侧再开扇，两臂成一条斜线。

# 弓步插扇

消除疲劳，锻炼平衡能力

## ·功效·

1. 疏通经络，消除疲劳。
2. 锻炼四肢，锻炼身体的平衡能力。

## ·动作口诀·

跳步，右弓步旋臂插扇，左弓步旋臂插扇，歇步反手下插扇。

## ·步骤·

上一步回顾

**01**

左脚跳步。

**02**

右脚上步成右弓步，同时旋臂反手插扇（向西北）。

**03**

身体左转，右脚内扣，左脚上步成左弓步，同时旋臂正手插扇（向东南）。

**04**

身体右转，右脚上步，左脚后插成歇步，同时旋臂反手下插扇（向西）。

**要点**

本势共三个插扇，衔接要连贯、柔和，眼随扇走。

# 左下势开扇

预防肩周炎和关节炎

## ·功效·

1. 活动肩部，预防肩周炎。
2. 伸展腿部，预防关节炎。

## ·动作口诀·

并步合扇，仆步穿扇。

## ·步骤·

上一步回顾

### 01

右、左脚依次向右横跨并拢，同时合扇，左手在右臂内侧，眼看左侧。

左脚上步成左仆步，同时，穿掌、开扇，眼看扇（向东）。

**要点**

1. 站立时，身体重心应放在两腿之间。

2. 仆步穿扇时，动作要流畅、一气呵成。

3. 眼睛要看扇，眼神要定住。

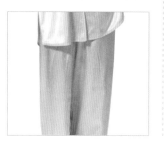

# 右弓步撩扇

灵活骨骼、肌肉和关节

## ·功效·

1. 促进淋巴排毒，提高新陈代谢。
2. 灵活骨骼、肌肉和关节，预防肩周炎。

## ·动作口诀·

左脚外摆撩掌，右脚上步撩扇，左脚上步撩掌，右弓步开扇。

## ·步骤·

上一步回顾

### 01

左脚外摆，收右脚，同时，右手顺势合扇撩掌。

### 02

右脚上步，左脚提起，同时撩扇（向正东）。

**03**

左脚上步，收右脚，同时撩掌（向东）。

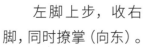

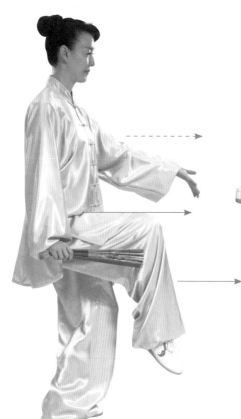

**04**

右脚上步成右弓步，同时撩开扇（向东）。

**要点**

本势共上三步，上步时重心要平稳，不能起浮，上步与转腰协调一致。

# 叉步后撩扇

舒缓胸背，减轻疲劳和胸闷

## ·功效·

1. 拉伸双腿肌肉。
2. 矫直脊柱，舒缓胸背，减轻疲劳和胸闷。

## ·动作口诀·

合扇，后插旋臂，叉步撩开扇。

## ·步骤·

上一步回顾

**01**

合扇。

**02**

身体左转，左、右
脚依次上步，左脚后插，
同时旋臂（胸向北）。

**03**

成叉步，同时，身体
右后转撩开扇（向东），
左手斜上撑掌，眼随扇走。

要点

叉步时要转腰，体后开扇。

### 练习时容易犯的错误

叉步时转身幅度不大，
未体后开扇。

# 右独立挑掌

强壮小脑，提高自控能力

## ·功效·

1. 强壮小脑，提高自控能力。
2. 增强心肺功能。

## ·动作口诀·

右独立步，左手挑掌，右手握扇。

## ·步骤·

上一步回顾

身体左转，左腿提起，成右独立步，同时旋臂左手挑掌，右手握扇在右胯后（向西）。

### 要点

1. 上体不要前倾。
2. 独立腿要直立。
3. 注意上提腿须高于水平线。

# 进步挂扇

强壮髋关节，增强膝关节力量

·功效·

1. 强壮髋关节，稳定骨盆。

2. 增强膝关节力量，避免膝盖炎症、损伤。

·动作口诀·

落脚挂扇，跳步压扇，歇步。

·步骤·

上一步回顾

**01**

左脚落脚，同时向左挂扇（向西）。

**02**

右脚上步，同时
向右挂扇（向西）。

**03**

跳步压扇。

04

成歇步（胸向北）。

## 练习时容易犯的错误

挂扇，扇未在体侧划立圆。

**要点**

1. 挂扇时，扇在身体两侧划立圆。
2. 跳步成歇步时，右脚后插，下蹲成歇步。

# 高歇步抛接扇

强壮肩、肘、腕、腿关节

## ·功效·

1. 强壮肩、肘、腕关节，柔软脊柱、增加弹性。
2. 促进腰肌的血液循环，远离腰肌劳损。

## ·动作口诀·

脚辗转，手上举，高歇步开扇，抛接扇。

## ·步骤·

上一步回顾

**01**

身体右后转，两脚辗转，右腿微屈，左腿侧举，同时右手扇上举，左手左胯侧，眼看扇（胸偏西南）。

左脚盖步下落，成高
歇步，同时，右手下开扇，
左手侧撑，同肩高，眼看
扇（偏西南）。

下肢不动，扇上抛，向
右旋转，眼看扇。

**04**

接扇，眼看扇。

**05**

将扇上抛。

反接扇（向西南）。

正面

## 练习时容易犯的错误

抛扇时，扇向上抛的高度不够，影响接扇。

要点

抛扇时，要缓慢地高抛扇，随着扇落下再接扇，不要因抛扇过快而接不着。要经常练习，熟能生巧。

# 虚步平刺

扩胸，缓解亚健康状况

## ·功效·

1. 扩胸，远离胸闷。
2. 消除肩背硬结，缓解亚健康状况。

## ·动作口诀·

左虚步，刺扇。

## ·步骤·

上一步回顾

### 01

右手持扇，同左手一起稍回收，置于腰部，左脚上步。

成左虚步后，右手同时下刺扇，左手臂向后打开（向西南）。

**练习时容易犯的错误**

眼未看扇。

要点

眼看扇。

# 收势

调理全身气血运行

## ·功效·

1. 调练心肺之气。
2. 改善呼吸功能，调理全身气血运行。

## ·动作口诀·

后退并步，还原。

## ·步骤·

上一步回顾

### 01

后退并步，同
时两手经体前下落。

### 要点

全身放松，以轻
松、自然、舒适为度，
上体注意不要后仰。

### 02

还原，眼看前方。

# 第四章

## 养生太极剑——一招一式，祛病延年

中国养生学主张"节"与"和"，应充分调动自身体内潜在的生命力。练习养生太极剑，运动量适中，速度相对缓慢，能让身体得到适度的锻炼，且在练习中，能起到调心、养身、养气、养神的作用。

# 太极剑基础

## ·太极剑的结构与名称·

太极剑由剑身、剑把、剑套等部分构成。剑身分剑尖、剑刃和剑脊。剑把分为剑格、剑柄、剑首。剑常佩戴剑穗和剑套。

## ·太极剑选购技巧·

选购太极剑时，注意根据个人情况，并结合下面的要求进行挑选。

剑的长度：以直臂垂肘、反手持剑的姿势为准，剑尖不得低于本人的上耳端。

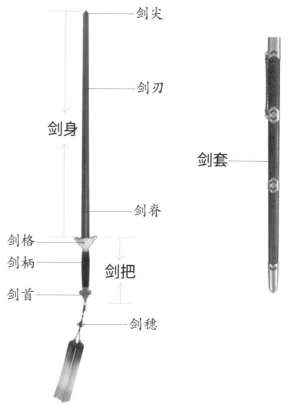

剑尖
剑刃
剑身
剑脊
剑格
剑柄
剑首
剑把
剑穗
剑套

剑的硬度：剑垂直倒置，剑尖触地，剑尖至剑柄20厘米处（测量点）距地面的垂直距离不得少于10厘米。

剑的重量：包括剑穗，成年男子不得轻于600克，成年女子不得轻于500克，少儿可根据自身体重，挑选适合自己的太极剑。

其他：剑穗的长短不限。

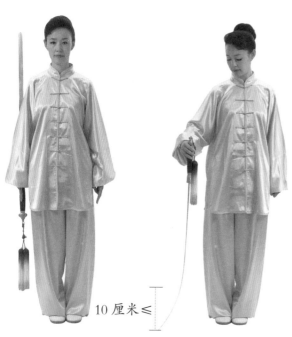

10厘米≤

## ·学习太极剑的基本手型·

太极剑的基本手型包括持剑（左手持剑法、右手持剑法）、握剑和剑指。

### ◎持剑

正面　　　　　背面

掌心贴近剑格，示指伸直按于剑柄，拇指为一侧，其余三指为另一侧，直腕，手指扣握剑柄，剑脊贴近前臂。

### 右手持剑法

右手自然伸开，虎口对向剑的"上刃"（剑面竖直成立剑时，在上的一侧剑刃称为上刃），然后拇指和示指靠近护手将剑把握紧，其他三指可松握，以拇指的根结和小指外沿的掌根部位控制剑的活动。另一种持剑法是：以中指、无名指和拇指握住剑把，示指和小指松握。当遇到某些需要增加剑锋弹力和灵活性的动作时，示指则服帖于护手上，以控制剑活动的准确性，后一种持剑法也称活把剑。

要点

握剑的松紧程度，以能将剑刺平、劈平为宜。

### 左手持剑法

左手自然舒展开，虎口部位对准剑的护手处，然后拇指由护手上方向下，中指、无名指和小指由护手下面向上，两者相对握住护手（由于护手的形式不同，拇指也可以从下向上握），示指伸直贴附于剑把之上，剑身平贴于左前臂后侧。

要点

手要紧握剑，不得使剑刃触及身体。

### ◎握剑

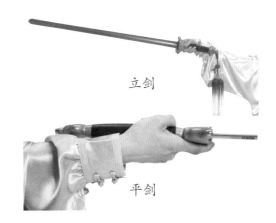

立剑

平剑

拇指为一侧，其余四指为另一侧，握拢剑柄，虎口靠近剑格，并需与剑刃相对。运动时，五指松握剑柄，手心要松活，使剑在手中灵活运转。

剑刃方向为上下，为立剑。剑刃的方向为左右，为平剑。

## ◎剑指

中指与示指伸直并拢，其余三指屈于手心，拇指压在无名指和小指的第一指节上。

正面

侧面

# 太极剑基本剑法

## ◎刺剑

臂由屈而伸，臂与剑成一条直线，力达剑尖。

## ◎劈剑

立剑，由上而下用力，力点在剑刃，臂与剑成一条直线。

## ◎撩剑

立剑，由后向前上方撩出，力点在剑刃前端。

## ◎云剑

平剑，在头前上方绕环，用以拨开对方进攻，力在剑刃。

◎抹剑

平剑，由左向右，或由右向左领带，腕与胸平，力点沿着剑刃滑动。

◎点剑

立剑，用剑尖向下点啄，力达剑尖。

◎击剑

平剑向左或向右敲击，力达剑刃前端。向右侧是反击，向左侧为正击。

◎绞剑

侧面图

正面图

平剑，使剑顺时针或逆时针方向划小圈立圆绕环，手心朝上，剑尖朝前，力在剑刃前端。

◎架剑

立剑，横向上托架，剑高过头，
力在剑刃，手心朝外。

◎抽剑

立剑，由前向后抽，力点沿剑刃滑动。

◎截剑

立剑或平剑，阻截对方，力在剑刃。

◎带剑

平剑，由前向侧后方抽拉，腕高
不过胸，剑尖朝前，力点沿剑刃滑动。

◎挑剑

立剑，使剑尖由下向上挑起，力点在剑刃前端。

◎穿剑

平剑或立剑，沿腿、臂或身体穿出，臂由屈而伸，力点在剑尖。

◎提剑

立剑或平剑，屈腕上提剑把，剑尖朝下。

◎推剑

剑身竖直或横平，由内向外推出，力在剑刃中后端。

◎捧剑

平剑或立剑，两手在
体前相合捧抱。

◎扫剑

平剑，向左或向右平摆，
力在剑刃。

◎压剑

平剑，由上向下压剑，手
心向下，力在剑面前端，剑尖
斜向前下方。

# 太极剑入门

# 预备势

宁静心神，消除身体疲劳

## ·功效·

1. 宁静心神，消除身体疲劳。
2. 使人冷静沉着，处变不惊。

## ·动作口诀·

两脚并拢，左手持剑，右手握成剑指。

## ·步骤·

两脚并拢，脚尖向前，身体正直，两臂松垂在身体两侧，左手持剑，剑尖向上，手心朝后，剑身竖直贴靠在左前臂后面，右手握成剑指，手心向里，目视前方。

### 要点

1. 头颈正直，下颌微收，思想集中。
2. 两肩放平，胸腹放松。
3. 不要使剑刃触到身体。

# 起势

## ·功效·

1. 安五脏。
2. 促进血液循环。

## ·动作口诀·

开步，平举，下蹲举手，左转，弓步。

## ·步骤·

上一步回顾

### 01

左脚向左开步，两脚平行，同肩宽，右剑指内旋，手心转向后。

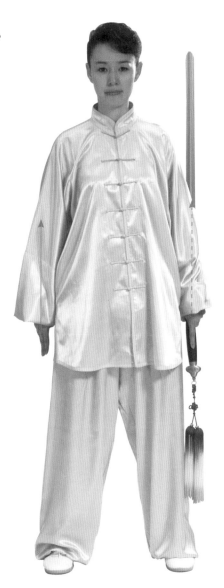

**02**

两臂前平举，高与肩平，同肩宽，手心向下，眼看两手间。

**03**

重心右移，屈膝下蹲，上体微右移，左脚收提在右脚内侧，脚尖点地。同时，右剑指外旋下落在腹前，动作不停，右手经腹前向右上方上举，右手心斜向上。左手持剑屈肘下落在右肩前，手心向下，剑身横在胸前。

身体左转，左脚向前上步，成左弓步，同时，左手持剑下落左胯侧，剑尖向上，右臂屈肘。

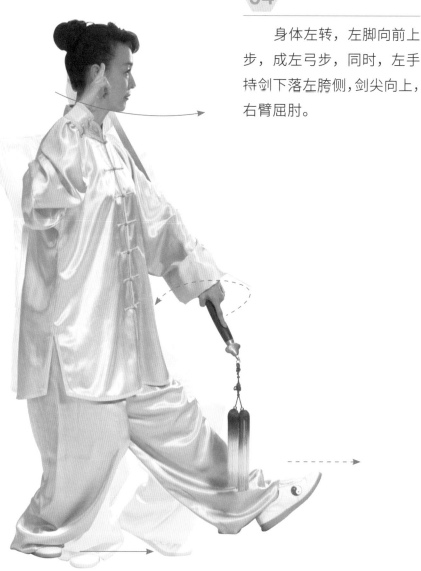

要点

1. 两臂前平举时，肩要松沉，剑身要贴在左小臂下，剑尖不要下垂。

2. 弓步时，左脚上步，先成左虚步，再重心前移成左弓步。

3. 弓步时，两脚的横向距离在 30 厘米左右。

正面

**05**

右剑指经耳侧向前指出，剑指指尖向上，手腕与肩平，眼看剑指。

## 练习时容易犯的错误

开步时，两脚成八字步。

屈膝下蹲时，膝关节超过脚尖。

左脚未点起点落、轻起轻落。

### ·攻防指导·

当对方攻来时，转身反刺，瓦解其攻势。

# 并步点剑

预防肩、颈、背疾病，缓解神经疲劳

## ·功效·

1. 运动肩、颈、背，预防肩、颈、背疾病。
2. 缓解神经疲劳。

## ·动作口诀·

弓步，划弧，点剑。

## ·步骤·

上一步回顾

**01**

身体左转，左脚上步成左弓步，同时，左剑微外旋，略回收，右剑指经头侧向前下落，准备接剑，眼平视前方。

要点

点剑时，剑在体侧划立圆，两肩不可抬起。左手握剑要松活。

## 02

　　两腿屈膝沉胯，同时，右手接剑，虎口对准护手。右腕为轴，使剑尖从后向上向前划弧，右手持剑微下沉，剑尖斜向上，左手成剑指落在右腕内侧。

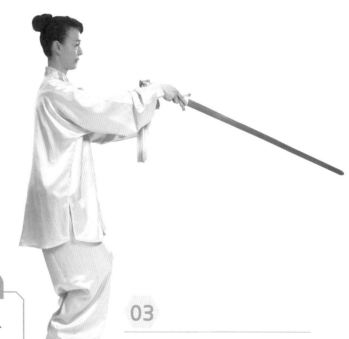

### 练习时容易犯的错误

　　点剑时，力点不对，肩、肘、腕不松沉。

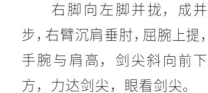

## 03

　　右脚向左脚并拢，成并步，右臂沉肩垂肘，屈腕上提，手腕与肩高，剑尖斜向前下方，力达剑尖，眼看剑尖。

# 弓步削剑

协调眼手一致，灵活眼睛

## ·功效·

协调眼手一致，灵活眼睛，解除眼部疲劳。

## ·动作口诀·

后撤，弓步，削剑。

## ·步骤·

上一步回顾

**01**

右脚后撤，同时，右手剑外旋沉腕，使手心斜向上，剑尖斜向下，左剑指在右小臂内侧，眼看剑尖。

**要点**

右弓步时，右肘、右膝上下相对。

**02**

重心后移，身体再后转，左脚内扣，右脚外摆，成右弓步。同时，右手剑向前上方削剑，剑把同肩高，剑尖同头高，力达剑刃，左剑指落在左胯上侧。

### 练习时容易犯的错误

削剑时，右肘右膝不相对，摆脚、扣脚不到位，使身体歪扭。

### ·攻防指导·

当对方从体后进攻，迅速转身，用剑刃削其颈部，力达剑刃前端。

# 提膝劈剑

防止下肢无力、膝痛等病症

## ·功效·

1. 防止下肢无力、膝痛等病症。
2. 调理肝脾，活跃气血。

## ·动作口诀·

后转，举剑，劈剑。

## ·步骤·

上一步回顾

**01**

重心后移，右脚尖微外摆，同时，上体向右后转，右手剑向右后方平摆，眼看剑尖。

**要点**

劈剑时，剑与臂成一条直线。左臂侧撑，要沉肩垂肘，劈剑时，力达剑刃中后端。

**03**

左腿提起，成右独立
步，同时，右手剑平劈，
高与肩平。左剑指侧撑与
肩平，眼看剑尖。

**02**

重心前移，同时，右手
剑上举，剑尖斜向后下方。
左剑指平摆，在右肩前，眼
看前方。

### 练习时容易犯的错误

劈剑时力点不准确，肩部
不放松，剑与臂不成直线。

# 左弓步拦

疏通经络，强筋壮骨

1. 活血化瘀。
2. 疏通经络，强筋壮骨。

·动作口诀·

撤步，落剑，左弓步，拦剑。

·步骤·

上一步回顾

**01**

右腿屈膝沉胯，左脚向左后方撤步，脚掌先落，同时，右手剑以右腕为轴划弧，落在身体的右前方，左剑指从上向下划弧，落在右臂内侧，眼看剑尖。

**02**

重心前移，身体左转，右脚尖内扣，左脚外摆，成左弓步，同时，右手握剑从下向上拦出，右手腕同胸高，剑尖斜向下。左剑指从下向上翻转，屈臂上举在头的左上方，左手心斜向上看剑尖。

**练习时容易犯的错误**

拦剑时，力点不准确，左弓步时，两脚踩在一条线上。

**要点**

1. 弓步两脚跟的横向距离在 30 厘米左右，两脚不要踩在一条直线上。

2. 拦剑时，力点在剑刃中端。

剑中刃

# 左虚步撩

稳固脊柱，调练心肺

## ·功效·

1. 稳固脊柱，调练心肺。
2. 有效改善血液循环，使身体软组织灵活。

## ·动作口诀·

左转，上步，虚步，撩剑。

## ·步骤·

上一步回顾

**01**

重心后移，身体微左转。右脚尖翘起。同时，左剑指微向后划弧，右手剑向上划弧。右脚经左脚内侧，向右前方上步，同时，右手剑向下落在左肋前，左剑指在右腕内侧，剑尖斜向后上方，眼随剑走。

侧面

## 02

身体右转，右脚外摆，左脚向左前方上步，成左虚步，同时，右手剑向头前上方撩起，左剑指在右小臂内侧，眼看前方。

撩剑时，剑在身体左侧划立圆。力点在剑刃前端。

**·攻防指导·**

假设对方从我方右侧攻来，则右转上步，右手持剑，反手立剑，撩击对方手腕，力达剑刃前端。

# 右弓步撩

舒缓颈椎，锻炼上臂、颈部、肩膀

## ·功效·

1. 上臂、颈部、肩膀得到充分活动。
2. 颈椎得到有效舒缓。

## ·动作口诀·

左脚上步，右剑划弧，上步右弓步，撩剑。

## ·步骤·

上一步回顾

**01**

身体稍右转，左脚向左上步，同时，右手剑向右划弧。下落在身体右侧，同腰高，剑尖斜向上，左剑指下落在右臂内侧，眼随剑走。

## 02

身体左转，重心前移，左脚尖外摆，右脚上步成右弓步，同时，右手剑从后向下向前撩出，右手腕同肩高，剑尖向前，左剑指旋臂向下、向上举于头左上方，手心斜向上，眼看剑尖。

**要点**

撩剑、弓腿要协调一致。

**·攻防指导·**

当对方攻击过来时，力点在剑刃前端，挑对方的手腕。

# 跳步平刺

保养腹部器官，润滑关节

## ·功效·

1. 保养腹部器官，调理肝、脾、肾。
2. 润滑关节。

## ·动作口诀·

向前平刺，跳步下落，右弓步，平刺。

## ·步骤·

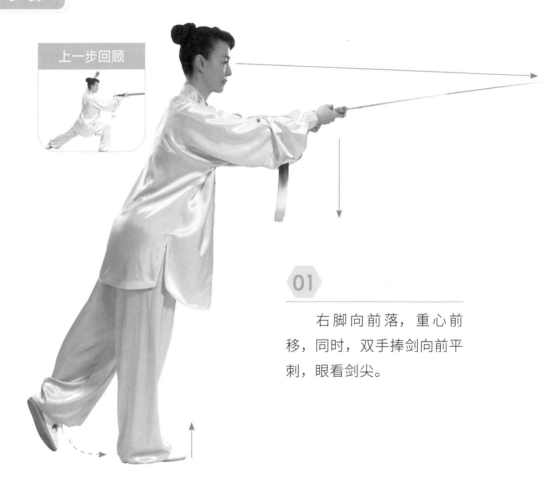

上一步回顾

**01**

右脚向前落，重心前移，同时，双手捧剑向前平刺，眼看剑尖。

## 03

右脚上步成右弓步，同时，右手剑经腰间向前平刺，手心向上，腕同胸高，左剑指向上划弧。

## 02

重心继续前移，右脚蹬地，左脚向前跳步下落，右腿迅速收在左腿内侧，右脚尖不着地,同时两手下落在两侧旁，两手心都向下，眼看前方。

### 练习时容易犯的错误

右腿膝关节未弯曲缓冲。

左剑指在头左
上方，眼看剑尖。

要点

　　跳步时，左脚掌先落，左脚跟着落地，并外摆脚、屈膝缓冲，重心稳定
在左腿上，刺剑时力达剑尖。

·攻防指导·

　　假设对方用剑向我方刺来，则近身用剑面下压对方来剑，顺势上步前刺其胸部，
力达剑尖。

# 弓步直刺

防止上肢麻木

## ·功效·

1. 使上臂、颈部、肩膀得到充分活动，防止上肢麻木。
2. 使颈椎得到有效舒缓。

## ·动作口诀·

左弓步，右手持剑，左剑指在右手腕上。

## ·步骤·

上一步回顾

左脚提起向前上步成左弓步，同时右手持剑，经腰间，立剑向前刺出，同胸高，左剑指在右手腕上，眼看前方。

要点

1. 弓步的横向距离在 30 厘米左右。
2. 两脚不要踩在一条直线上。
3. 刺剑，力达剑尖。

# 收势

改善呼吸功能，调理全身气血运行

## ·功效·

1. 调练心肺之气。
2. 改善呼吸功能，调理全身气血运行。

## ·动作口诀·

后移右转，左弓步，持剑下落，并拢。

## ·步骤·

上一步回顾

### 01

重心后移，上体右转，同时，右手持剑后抽在右胸前，手心向里，左剑指变掌，两手心相对，准备接剑，眼看两手间。

116

上体左转，重心前移成左弓步，左手接剑后上举，右手成剑指下落在身体右后方，眼看右手。

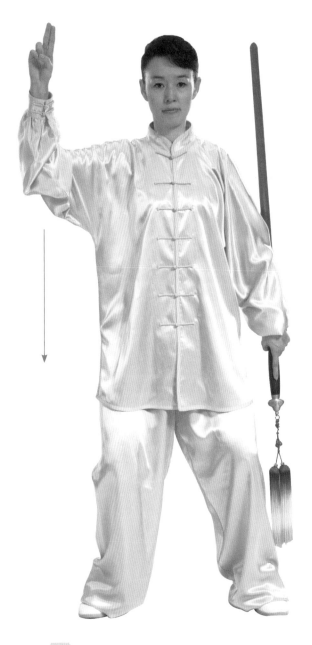

两腿伸直，右手下落在
体侧，手心朝后。

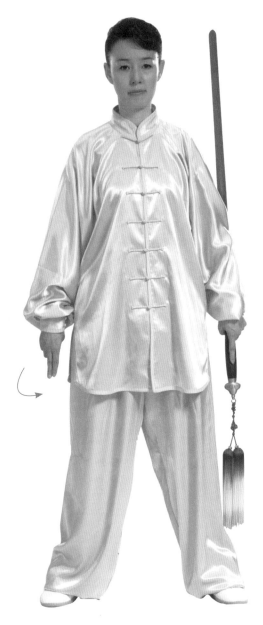

03

右脚上步，与左脚平
行，同时，左手持剑下落在
身体左侧，剑在左臂后，右
手从下向后向上划弧上举。

**05**

左脚向右脚并拢，右手内旋，手心翻向里，还原。

要点

全身放松，以轻松、自然、舒适为度。

# 进阶太极剑（套路组合）全程图解

　　进阶太极剑是以套路为线索的，它讲究的是整体性和连贯性，具有一定的健身和医疗价值。

扫码观看
进阶全程视频

预备势
（提示：原地面向正南方）

起势 + 云手
（提示：正东方）

左弓步平刺
（提示：正东方）

后举腿崩剑
（提示：胸向南）

120

云剑抹带
（提示：正东方）

仆步横扫
（提示：胸向东南方）

向左平带
（提示：正东方）

叉步平斩
（提示：胸向北）

回身反刺
（提示：正西方）

摆腿抹剑
（提示：向西方）

左虚步劈剑
（提示：向西南方）

③

②

①    跳步平刺
（提示：向西方）

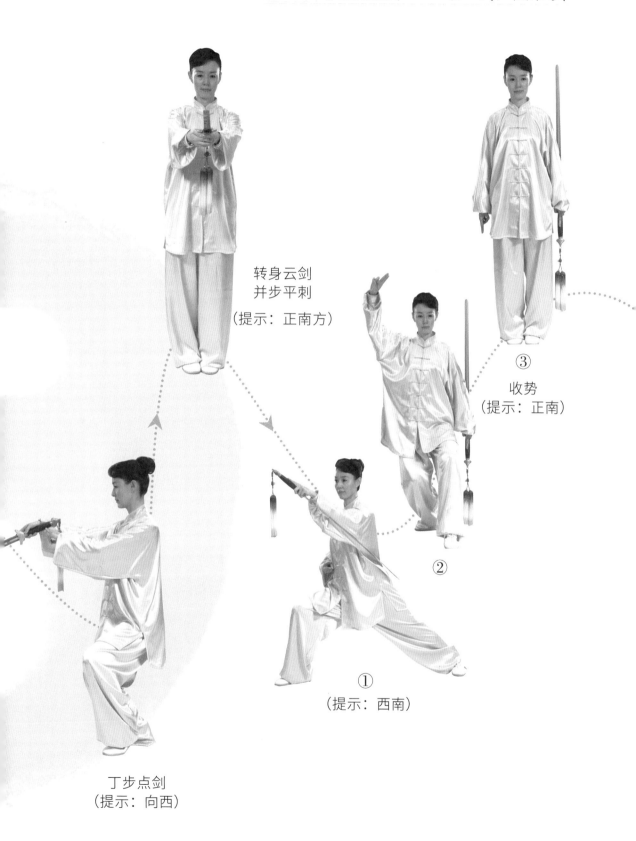

转身云剑
并步平刺

（提示：正南方）

③

收势
（提示：正南）

②

①
（提示：西南）

丁步点剑
（提示：向西）

# 预备势

安五脏，消除身体疲劳

## ·功效·

1. 宁静心神，使人冷静沉着，处变不惊。

2. 消除身体疲劳，安五脏，促进血液循环。

## ·动作口诀·

并步站立，左手持剑，右手剑指。

## ·步骤·

并步站立，左手持剑，右手成剑指（假设面向南起势）。

### 要点

头颈正直，下颚微收，眼平视，精神集中。

# 起势 + 云手

保健颈部，调节神经系统，改善精神忧郁

## ·功效·

1. 有利于颈部保健，防止上肢麻木。
2. 调节神经系统，预防眼肌疲劳，改善精神忧郁。

## ·动作口诀·

开步举臂，下蹲，穿掌，上步，左弓步。

## ·步骤·

上一步回顾

**01**

左脚向左开步，同肩宽，同时，两臂前平举，同肩高，同肩宽。

125

下蹲，同时屈臂下按
在腹前，眼看两手中间。

03

旋臂穿掌。

126

**04**

收脚侧举，脚不触地。

**05**

左脚上步脚跟先落，同时左手剑落在腹前，右手剑指屈臂在耳侧（向东）。

要点

开步时，两脚平行，先脚前掌落，再脚后跟下落。

**06**

重心前移成左弓步，同时，左手持剑向下搂在左胯旁，右剑指向前，指出，指尖向上，右腕同肩平（向东）。

### 练习时容易犯的错误

开步时，两脚不平行。

### ·攻防指导·

当对方剑刺我方腹部，则用剑面推开其来剑，用右手戳击喉部或脸部，力达剑面。

# 左弓步平刺

调理肝脾，防止下肢无力

## ·功效·

1. 调理肝脾。
2. 防止下肢无力。

## ·动作口诀·

下蹲收剑，左弓步，平刺。

## ·步骤·

上一步回顾

**01**

右脚外摆脚上步，下蹲成歇步，同时，左手持剑屈臂回收在胸前，手心向下，右剑指变掌下落在左手下，手心向上，两手心相对，准备接剑，眼看剑尖（向东）。

**02**

左脚上步成左弓步，同时右手持剑，向前平刺，左手成剑指侧举在体侧，两手与肩同宽，力达剑尖，眼看剑尖。

### 练习时容易犯的错误

手不对，且剑尖不向前。

### ·攻防指导·

当对方向我方击来，则迅速下蹲闪开其进攻，并上步右手持剑刺其胸部，力达剑尖。

# 后举腿崩剑

提高人体平衡能力，增强心肺功能

## ·功效·

1. 提高人体平衡能力，增强心肺功能，增强血氧交换能力。
2. 预防高血压。

## ·动作口诀·

上步后举，剑上崩，下划弧反转上举。

## ·步骤·

上一步回顾

**01**

身体右转，右脚上步，左腿后举，同时，右手剑向下划弧，经腹前至身体右侧上崩，剑尖斜向左上方。左剑指外旋向下划弧置于腹前。

**02**

左剑指经腹前翻转，向上举在头左上方，手心斜向上，同时左脚体后提起，眼看剑（胸向南）。

## 练习时容易犯的错误

| 支撑腿不屈蹲。 | 崩剑力点不对。 |
|---|---|

要点

成右独立步时，右腿要微屈，上体向左侧略倾。

# 仆步横扫

灵活双踝、双膝，预防关节炎

## ·功效·

1. 有效锻炼侧腰及大腿，紧实双腿，燃烧腰、手臂及腿部多余脂肪。
2. 灵活双踝、双膝，预防关节炎。
3. 提升身体平衡力。

## ·动作口诀·

右弓步，左仆步，左弓步，划弧平扫。

## ·步骤·

上一步回顾

**01**

左脚向左后方撤步成右
弓步，同时右手剑以右腕为
轴，向左、向上划弧，下落
在右膝前上方，手心向上，
左剑指内旋反穿在体后。

① 

**02**

向前移重心，右腿屈膝下蹲。身体左转，继续向左移重心，成左弓步，同时，右手剑向左前方划弧平扫，剑尖同胸高，左手剑指向头左上方划弧上举，手心斜向上，眼看剑尖（向东）。

② 

### 练习时容易犯的错误

| 扫剑剑不平。 | 定势时，剑未同胸高。 |
| --- | --- |
|  |  |

**要点**

扫剑是平剑从右向左扫，力达剑刃，要有一个由高到低再到高的弧线。

**·攻防指导·**

当对方向我方攻来，则迅速下蹲闪开对方的进攻，并用平剑从右向左扫对方的腿部，力达剑刃中前端。

# 云剑抹带

拉伸腿部肌肉

## ·功效·

拉伸腿部肌肉，紧致大腿，修长小腿。

## ·动作口诀·

脚尖点地，右弓步，划弧抹带。

## ·步骤·

上一步回顾

**01**

右脚收在左脚内侧，脚尖点地，同时右手剑向右、向上、向左划弧，眼看剑尖。

**02**

右脚右前方下落成右弓步，同时右手剑从左向前、向右后方划弧抹带，右手心向下，左剑指落在右腕内侧，左手心向下（向东）。

**练习时容易犯的错误**

带剑时，剑没向后抽拉。

**要点**

1.弓步时，两脚横向距离30厘米左右。

30 厘米

2.云剑时要以右手腕为轴翻转。

3.定势时，剑把在右肋前，剑尖在中线上。

**·攻防指导·**

假设对方以剑向我方面部刺来，则用云拨剑的剑法格开对方的来剑，使对方落空，并向右后方带化其来剑。

# 向左平带

疏通经络，活血化瘀

## ·功效·

1. 活血化瘀，强筋壮骨。
2. 疏通经络。

## ·动作口诀·

收腿，上步，剑前送，左弓步，划弧平带剑。

## ·步骤·

上一步回顾

**01**

左脚收在右脚内侧，同时两手稍向内收。

左脚左前方上步，同时右手剑前送，左剑指外旋下落在左腰间。

03

重心前移成左弓步，同时右手剑翻转向上、向左后方划弧平带剑。左手剑指向上划弧翻转上举在头左上方，手心斜向上，力达剑刃，眼看剑尖（向东）。

要点

1. 弓步的横向距离在 30 厘米左右，两脚不要踩在一条直线上。

2. 力达剑刃，眼看剑尖。

# 叉步平斩

灵活脊骨，滋养脊部肌肉及神经

## ·功效·

1. 灵活脊骨，滋养脊部肌肉及神经。
2. 瘦臂美腿，燃烧手臂、腿部多余脂肪。

## ·动作口诀·

左脚后插成叉步，右手剑画弧。

## ·步骤·

上一步回顾

身体左转，右脚上步，左脚后插成叉步，同时，右手剑向上、向左、向下划弧，落在身体右侧平斩剑，右手心向下同肩平，左剑指向下划弧上举在头左上方，手心斜向上。眼看剑尖，力达剑刃（胸向北）。

# 回身反刺

牵拉手臂，灵活身体

## ·功效·

1. 牵拉手臂，放松上臂，预防颈部肌肉粘连和肩背酸痛。
2. 灵活身体，预防手足麻木。

## ·动作口诀·

左转上步，划弧穿挂剑，右弓步，反手刺剑。

## ·步骤·

上一步回顾

### 01

身体左转，左脚上步，右脚回收在左脚内侧，同时右手持剑向下、向左、向上划弧穿挂剑，剑尖斜向右上方，眼看剑尖。左剑指落在右手腕内侧。

**02**

身体微右转，右脚上步成右弓步，同时右手
剑反手刺剑，力达剑尖，左剑指侧举与肩平，眼
看剑尖（向西）。

## 练习时容易犯的错误

挂剑时，转体不够。　　挂剑时，剑未同身走立圆。

**·攻防指导·**

假设对方以剑向我方腿部刺来，则用挂剑格开对方的进攻，并上步刺其胸部。

# 跳步平刺

保养腹部器官，舒缓身体

## ·功效·

1. 保养腹部器官，调理肝、脾、肾。
2. 最大程度舒缓身体的不适感。

## ·动作口诀·

右虚步，左独立步，提左脚，刺剑，右弓步，平刺。

## ·步骤·

上一步回顾

### 01

重心后移，右脚略收，成右虚步，同时两手向下划弧落在两胯旁，手心向下，眼看前方（向西）。

### 02

重心前移，左脚上步，右腿提起成左独立步，同时两手向左右、向前、向里划弧，抱剑于胸前，两手心向上，眼看剑尖（向西）。

**03**

右脚下落，收剑在腹前。

**04**

重心前移，左脚跟提
起，同时两手捧剑，向上、
向前刺剑，两手同肩高，
剑尖与头平，眼看剑尖，
力达剑尖。

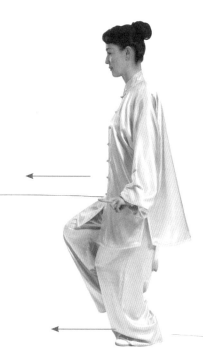

**05**

右脚蹬地，左脚向前跨一步，右脚马上收提在左小腿内侧，同时分手下落在两胯旁，两手心向下，眼看前方。

**练习时容易犯的错误**

跳步时，重心起浮。落跳时，全脚掌落地使动作沉重，体现不出步法的轻灵沉稳。

**要点**

跳步时，左脚下落要外摆脚，先脚掌落，再脚跟落，马上屈膝沉胯缓冲，重心在左腿上。

**06**

右脚上步，重心前移成右弓步，同时右手剑向前平刺，手心向上，左剑指翻转上举在头左上方，手心斜向上，眼看剑尖，力达剑尖（向西）。

**·攻防指导·**

同"回身反刺"（参见141页）。

# 摆腿抹剑

防止下肢无力，提高平衡能力

## ·功效·

1. 防止下肢无力。
2. 提高平衡能力。

## ·动作口诀·

右弓步，横跨摆腿，抹剑。

## ·步骤·

上一步回顾

01

重心前移，身体右转，左脚上步成左侧弓步，同时右手持剑向左、向后、向右划弧翻转，落在胸前抹剑，手心向上，剑尖向右侧，左手剑指在右腕内侧，眼看剑尖。

**02**

右脚从下向上、向左落步，右脚里合摆腿。

**03**

右脚下落，左脚向右横跨一步，成左侧弓步，同时两手稍向左抹剑，眼看剑尖，力达剑刃（向西）。

**04**

重心右移，成右侧弓步，同时右手持剑内旋翻转，剑尖向左侧，手心向下，左手剑指在右腕内侧，眼看剑尖。

06

右脚向右侧横跨一步，成右侧弓步，同时右手剑稍向右抹带剑，左手剑指在右腕内侧，眼看剑尖，力达剑刃（向西）。

05

左脚从下向上、向右侧下落。

## 练习时容易犯的错误

里合摆腿时，腿末划弧走扇面形状。

**要点**

1. 左右摆腿时，腿要里合摆腿，走成扇面形状，不要直摆腿。

2. 重心要稳定在支撑腿上，腿要微屈，不要起伏。

# 左虚步劈剑

缓解腰肌疲劳

## ·功效·

1. 缓解腰肌疲劳，增强髋关节周围肌肉力量。
2. 防止下肢无力、膝痛等病症。

## ·动作口诀·

右脚上步，左脚上步，左剑指向下、向上划弧翻转。

## ·步骤·

上一步回顾

身体左转，重心后移，右脚上步，左脚上步，同时，右手剑向后、向上划弧向前劈剑，左剑指向下、向上划弧翻转上举在头左上方，力达剑刃，眼看剑尖（向西南）。

# 丁步点剑

运动腿部，灵活眼睛

## ·功效·

1. 运动腿部，预防下肢无力等疾病。
2. 协调眼手一致，灵活眼睛，解除眼部疲劳。

## ·动作口诀·

右脚内侧成丁步，右手持剑外旋划弧，左剑指在右腕内侧。

## ·步骤·

上一步回顾

身体微右转，左脚上步，右脚收在右脚内侧成丁步，同时右手持剑，外旋从前向下、向后、向上划弧，向前下方点出，左剑指在右腕内侧，眼看剑尖（向东）。

## 要点

点剑时，要沉肩垂肘，屈腕上提，手腕肩平，力达剑尖。

# 转身云剑并步平刺

保健颈部，促进脑部血液循环

## ·功效·

1. 有利于颈部保健，促进脑部的血液循环。
2. 预防眼肌疲劳，改善精神忧郁。

## ·动作口诀·

上步，转身，云剑，刺剑。

## ·步骤·

上一步回顾

**01**

身体向左后转，左脚外摆上步，右脚内扣上步，同时右手持剑向左云摆，左剑指向左云摆，眼看剑。

特别说明：在实际练习中是背面向南，为方便读者了解动作，此处为正面演示。

侧面

**02**

身体继续左转，左脚上步收在右脚内侧，同时两手收在两腰间，手心向里，眼看两手间。

**练习时容易犯的错误**

转身时，未向左转360°。

**03**

动作不停，左脚上步，右脚并左脚成并步，同时右手持剑平剑刺出，同胸高，力达剑尖，眼看剑尖（向南）。

要点

1. 云剑时右腕为轴，剑在头上划平圆。

2. 重心要平稳，不要起伏。

·攻防指导·

同"云剑抹带"（参见136页）。

# 收势

定心凝神，调练心肺之气

### ·功效·

1. 定心凝神，调练心肺之气。
2. 改善呼吸功能。

### ·动作口诀·

转身，虚步，并拢。

### ·步骤·

上一步回顾

**01**

身体右转，右脚上步成右侧弓步，同时左手接剑，剑把右上方穿出，右剑指落在腹前，眼看右上方（向西南）。

02

左脚上步成左虚步，同时，左手持剑搂手下落在身体左侧，右手成剑指向下向上划弧翻转上举，在头右上方，眼前方（向南）。

03

左脚后退一步，右脚向左脚并拢，同时右手剑指经胸下落在身体右侧，右手心向下。

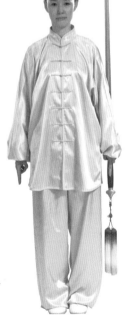

04

还原。